मज़े लो ज़िंदगी के

ईश्वर सिंह

मैं इस पुस्तक को उन लोगों को समर्पित करता हूं जो अपने जीवन का आनंद लेते हैं और समाज में सकारात्मकता पैदा करके दूसरों के जीवन को भी सुखद बनाते हैं।

क्रम-सूची

प्रस्तावना

ईश्वर सिंह को लेखन और शोध गतिविधियों में दस साल से अधिक का अनुभव है। वह एक जबरदस्त लेखकऔर कवि हैं। वह 'मज़े लो जिंदगी के' किताब लिखकर उत्कृष्ट कार्य कर रहे हैं। यह निश्चित रूप से छात्रों के जीवन पर सकारात्मक प्रभाव डालेगा। उन्होंने धार्मिक और सांस्कृतिक मुद्दों के क्षेत्र में बहुत गहरी रुचि दिखाई है।

वह एक बहुत ही उत्कृष्ट शिक्षक भी हैं और धार्मिक मुद्दों के बारे में भी गहरा ज्ञान रखते हैं। मैंने उन्हें हमेशा उनकी विभिन्न पुस्तकों के लिए बहुत मेहनत करते देखा है। वह भारतीय संस्कृति के बारे में हमारी नई पीढ़ियों को सरल और संक्षिप्त तरीके से व्यक्त करना चाहते हैं। मैं उन्हें उनकी नई किताब के लिए शुभकामनाएं देती हूं।

अमरजीत कौर

1. मज़े लो जिंदगी के

मज़े लो जिंदगी के
और जिंदगी में रखा क्या है
सुख दुख मुश्किलों के बिना
दुनिया ने स्वाद चखा क्या है

पल में मृत्यु हो जाएगी
सब काम धरे के धरे रह जायेंगे
जीवन समापन की और बढ़ रहा भाई
आप कब मुस्कराएँगे

ये जो जीवन मिला है हम सबको
बड़ा अनमोल है
क्यों चिंता करके बात बिगाड़ रखी है
ये कैसा झोल है

ज़िंदगी जीना सीख ओ बंदे
ज़िंदगी जीना सीख
खुश रहना सिखा रही है ये
तुझको चीख चीख

हुनर सीखो ज़िंदगी में
मज़े कैसे लिए जाते हैं
ज़रा उनकी और देखो
जो दर्द में भी मुस्कुराते हैं

आपकी हल्की सी मुस्कान
दूसरे का दिन बना सकती है
किसी की अंधेरी ज़िन्दगी में
रौशनी का चिराग जला सकती है

भगवान ने जो ज़िन्दगी दी है मुझे
मैं तो मज़े लेने और हसाने आया हूं
कोई क्या कहता है मुझे फरक नहीं पड़ता

चिंता रोग भुलाने आया हूं

'ईश्वर' पर ईश्वर कृपा बनाई रखें
तो ऐसे ही आगे बढ़ता रहूँगा
चाहे चोटी दूर ही क्यों ना हो मंज़िल की
फिर भी चढ़ाई चढ़ता रहूँगा

2. माहीया

कर चिंता नु *Kill* माहीया
कोई कम् धंदा कर मित्रा
ज़रा कुर्सी तों हिल माहीया

कर आलस नु *Nil* माहीया
जो बुद्धि नु सवार देवे
ऐसी सोच कर *Fill* माहीया

थोड़ा जिंद नु दे ढिल माहीया
क्यों जान औखी कीती होइ है
की तू पैसे दी लौनी *Mill* माहीया

ईश्वर सिंह

गुस्से विच न किलह माहीया
BP तेरा वध जाउगा
थोड़ा करया कर Chill माहीया

जा के भगतां नु मिल माहीया
रूह तेरी खुश हो जाउगी
ते चेहरा जाउ खिल माहीया

पुराने ज़ख्म न शिल माहीया
सब्र दा फल मिट्ठा हुँदा है
कदे शड्डी न तू दिल माहीया

मरना नहीं तिल तिल माहीया
'ईश्वर' ने जिंदगी उवें जीणी ऐ
जिवे होवेगी रब्ब दी Will माहीया

3. नींद और सपनों की दुनिया

ये सपनों की दुनिया भी बड़ी कमाल है
वही दिखाती है जो अक्सर सच होता नहीं
उसको क्या पता सपनों की महिमा
जो बंदा रात भर सोता नहीं

सबको हर रात सपनों में
अलग अलग दृश्य नज़र आते हैं
किसी को सांप दिखते हैं
और किसी को बंदर सताते हैं

कुछ बच्चे सपने में ही उठ कर
स्कूल के लिए त्यार हो जाते हैं
पता तब चलता है जब आँख खुलती है
सब नजारे बेकार हो जाते हैं

अगर मैं अपनी बात करूं तो पता नहीं
सपनों में क्या क्या दिखता है
कभी दिल करता है कि हॉलीवुड की स्टोरी लिख दूं
क्यूंकि इस दुनिया में सब बिकता है

कभी अपनी लिखी शायरी
ज़ोरों से गा रहा होता हूं
और कभी छत्त पर पड़े गमलों में
पानी लगा रहा होता हूं

कभी फिल्मो में हीरो की तरह
एंट्री मार रहा होता हूं
और कभी बाबा बनके किसी का
भूत उतार रहा होता हूं

कभी गवर्नर के सामने मुख्यमंत्री के पद की
शपथ उठा रहा होता हूं

और कभी बर्फ़ीले इलाके में जाकर
गर्मीओं की छुट्टिया बिता रहा होता हूं

नींद के और खुली आँखों से देखे सपनों में
बड़ा फ़र्क़ होता है
जिंदगी के सपने वही साकार कर पाता है
जिसने सपनों का खेत बड़ी मेहनत से जोता है

अपने सपनों की आग में
दृढ़ निश्चय का तेल झोंकते रहो
गलत संगत में पड़ कर रास्ता भटकने से
अपने आप को रोकते रहो

नींद के सपने तो मिट्टी और पत्तों की तरह
हवा में उड़ जायेंगे
ये खुली आँखों से देखे सपने ही हैं
जो आपकी जिंदगी बनाएंगे

जो अपनी आत्मा की पुकार सुनने में
सफल होंगे 'ईश्वर'
वही एक दिन विद्या के बल पर
दुनिया में विश्व शांति फैलाएंगे